Impressum
Verlag: BABADADA GmbH, Nedderfeld 112 , 22529 Hamburg
Geschäftsführer / Verlagsleitung: Harald Hof
Druck: Books on Demand GmbH, In de Tarpen 42, 22848 Norderstedt

Imprint
Publisher: BABADADA GmbH, Nedderfeld 112 , 22529 Hamburg, Germany
Managing Director / Publishing direction: Harald Hof
Print: Books on Demand GmbH, In de Tarpen 42, 22848 Norderstedt

die Schule

school

das Klassenzimmer
classroom

dividieren
divide

186/2

die Tafel
board

der Schulhof
school yard

der Lehrer
teacher

das Papier
paper

schreiben
write

der Stift
pen

der Schreibtisch
desk

das Lineal
ruler

das Buch
book

die Schüler
pupil

der Ranzen

satchel

die Federmappe

pencil case

der Bleistift

pencil

der Bleistiftanspitzer

pencil sharpener

das Radiergummi

rubber

der Zeichenblock

drawing pad

die Zeichnung

drawing

der Pinsel

paintbrush

der Malkasten

paint box

die Schere

scissors

der Klebstoff

glue

das Übungsheft

exercise book

die Hausaufgabe

homework

die Zahl

number

addieren

add

subtrahieren

subtract

multiplizieren

multiply

rechnen

calculate

der Buchstabe

letter

das Alphabet

alphabet

das Wort

word

der Text

text

lesen

read

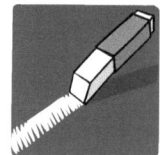

die Kreide

chalk

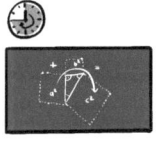

die Stunde

lesson

das Klassenbuch

register

die Prüfung

exam

das Zeugnis

certificate

die Schuluniform

school uniform

die Ausbildung

education

das Lexikon

encyclopedia

die Universität

university

das Mikroskop

microscope

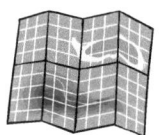

die Karte

map

der Papierkorb

waste-paper basket

die Reise
travel

das Hotel
hotel
Grand
die Herberge
hostel
ROOMS
die Wechselstube
bureau de change
der Koffer
suitcase
das Auto
car

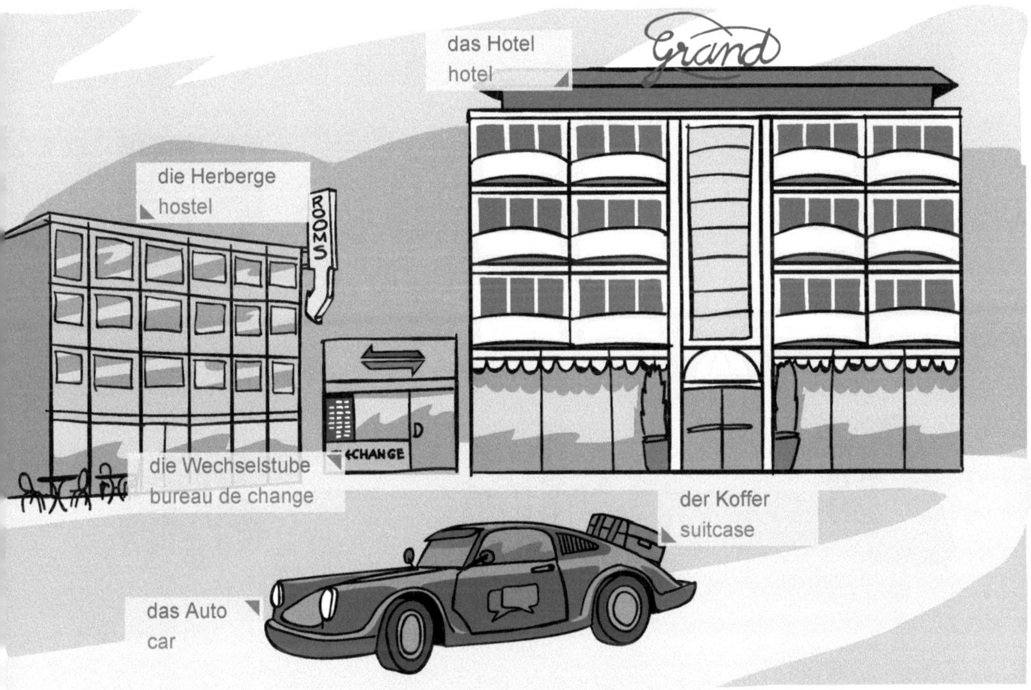

die Sprache
language

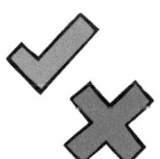

ja / nein
yes / no

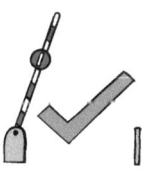

Okay
Okay

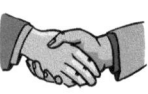

Hallo
hello

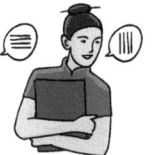

der Übersetzer
translator

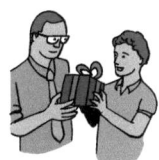

Danke
Thank you

Was kostet...?
how much is...?

Ich verstehe nicht
I do not understand

das Problem
problem

Guten Abend!
Good evening!

Guten Morgen!
Good morning!

Gute Nacht!
Good night!

Auf Wiedersehen
bye bye

die Richtung
direction

das Gepäck
luggage

die Tasche
bag

der Rucksack
backpack

der Gast
guest

das Zimmer
room

der Schlafsack
sleeping bag

das Zelt
tent

die Reise - travel

die Touristeninformation

tourist information

der Strand

beach

die Kreditkarte

credit card

das Frühstück

breakfast

das Mittagessen

lunch

das Abendessen

dinner

die Fahrkarte

ticket

der Fahrstuhl

lift

die Briefmarke

stamp

die Grenze

border

der Zoll

customs

die Botschaft

embassy

das Visum

visa

der Pass

passport

der Transport
transport

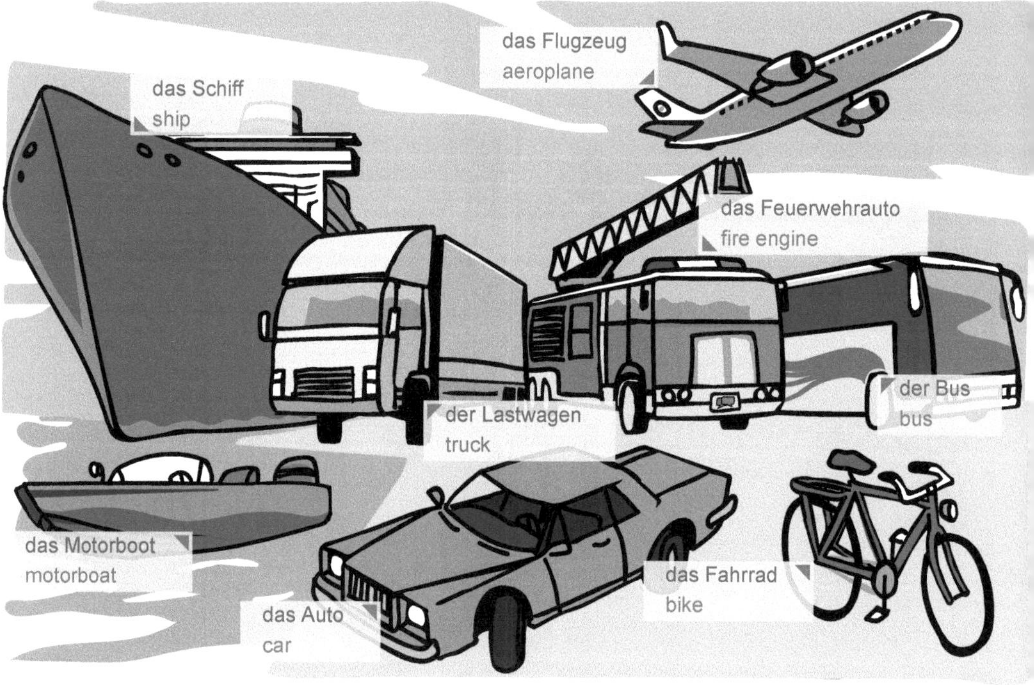
das Flugzeug
aeroplane
das Schiff
ship
das Feuerwehrauto
fire engine
der Bus
bus
der Lastwagen
truck
das Motorboot
motorboat
das Fahrrad
bike
das Auto
car

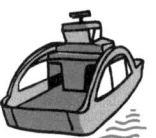

die Fähre
ferry

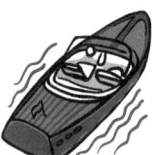

das Boot
boat

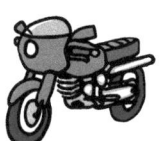

das Motorrad
motorbike

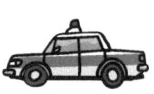

das Polizeiauto
police car

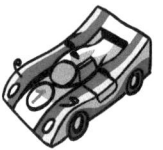

das Rennauto
racing car

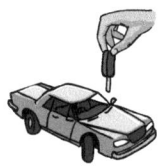

der Mietwagen
rental car

das Carsharing

car sharing

der Abschleppwagen

breakdown truck

das Müllauto

refuse truck

der Motor

motor

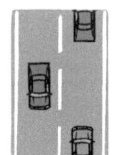

der Kraftstoff

fuel

die Tankstelle

petrol station

das Verkehrsschild

traffic sign

der Verkehr

traffic

der Stau

traffic jam

der Parkplatz

car park

der Bahnhof

train station

die Schienen

tracks

der Zug

train

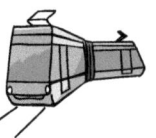

die Straßenbahn

tram

der Wagon

carriage

der Transport - transport

der Helikopter

helicopter

der Flughafen

airport

der Tower

tower

der Passagier

passenger

der Container

container

der Karton

carton

der Karren

cart

der Korb

basket

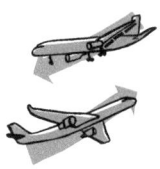

starten / landen

take off / land

die Stadt

city

das Dorf

village

das Stadtzentrum

city centre

das Haus

house

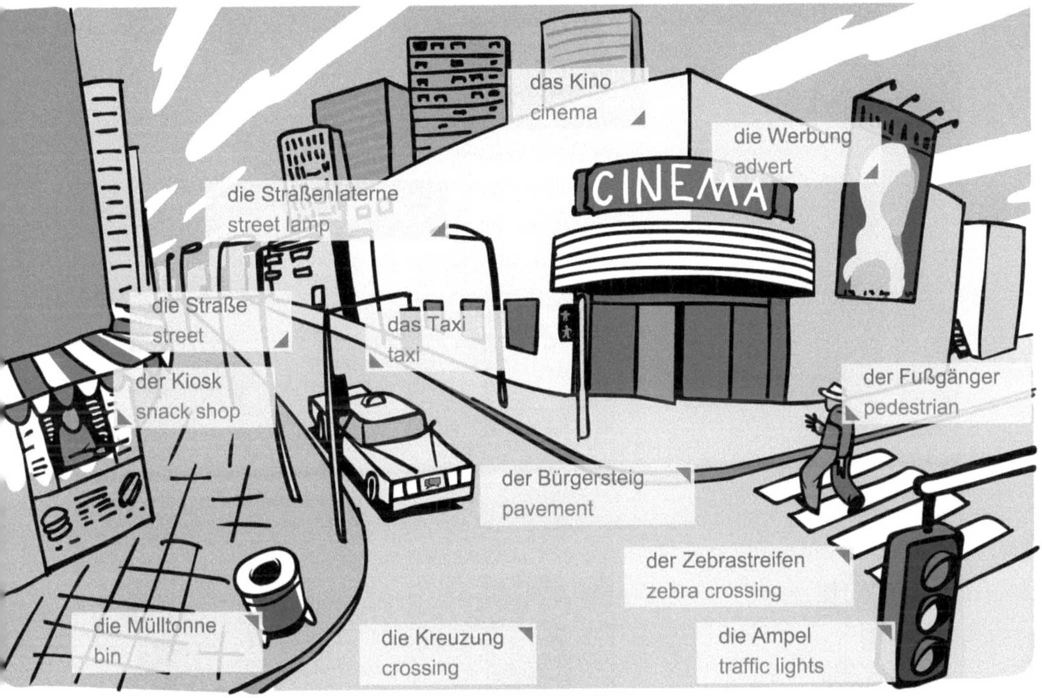

das Kino
cinema

die Werbung
advert

die Straßenlaterne
street lamp

CINEMA

die Straße
street

das Taxi
taxi

der Kiosk
snack shop

der Fußgänger
pedestrian

der Bürgersteig
pavement

der Zebrastreifen
zebra crossing

die Mülltonne
bin

die Kreuzung
crossing

die Ampel
traffic lights

die Hütte
hut

die Wohnung
flat

der Bahnhof
train station

das Rathaus
town hall

das Museum
museum

die Schule
school

die Stadt - city

11

die Universität

university

die Bank

bank

das Krankenhaus

hospital

das Hotel

hotel

die Apotheke

pharmacy

das Büro

office

die Buchhandlung

book shop

das Geschäft

shop

der Blumenladen

florist's

der Supermarkt

supermarket

der Markt

market

das Kaufhaus

department store

der Fischhändler

fishmonger's

das Einkaufszentrum

shopping centre

der Hafen

harbour

die Stadt - city

der Park

park

die Bank

bench

die Brücke

bridge

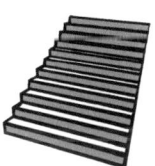

die Treppe

stairs

die U-Bahn

underground

der Tunnel

tunnel

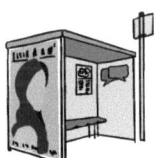

die Bushaltestelle

bus stop

die Bar

bar

das Restaurant

restaurant

der Briefkasten

postbox

das Straßenschild

street sign

die Parkuhr

parking meter

der Zoo

zoo

die Badeanstalt

swimming pool

die Moschee

mosque

der Bauernhof

farm

die Umweltverschmutzung

pollution

der Friedhof

graveyard

die Kirche

church

der Spielplatz

playground

der Tempel

temple

die Landschaft
landscape

das Blatt
leaf

der Wegweiser
signpost

der Weg
way

die Wiese
meadow

der Stein
stone

der Baum
tree

der Wanderer
hiker

der Fluss
river

das Gras
grass

die Blume
flower

das Tal

valley

der Berg

hill

der See

lake

der Wald

forest

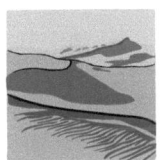

die Wüste

desert

der Vulkan

volcano

das Schloss

castle

der Regenbogen

rainbow

der Pilz

mushroom

die Palme

palm tree

der Moskito

mosquito

die Fliege

fly

die Ameise

ant

die Biene

bee

die Spinne

spider

der Käfer

beetle

der Frosch

frog

das Eichhörnchen

squirrel

der Igel

hedgehog

der Hase

hare

die Eule

owl

die Vogel

bird

der Schwan

swan

das Wildschwein

boar

der Hirsch

deer

der Elch

moose

der Staudamm

dam

das Windrad

wind turbine

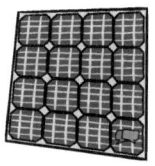

das Solarmodul

solar panel

das Klima

climate

das Restaurant
restaurant

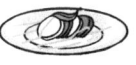

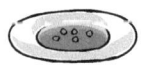

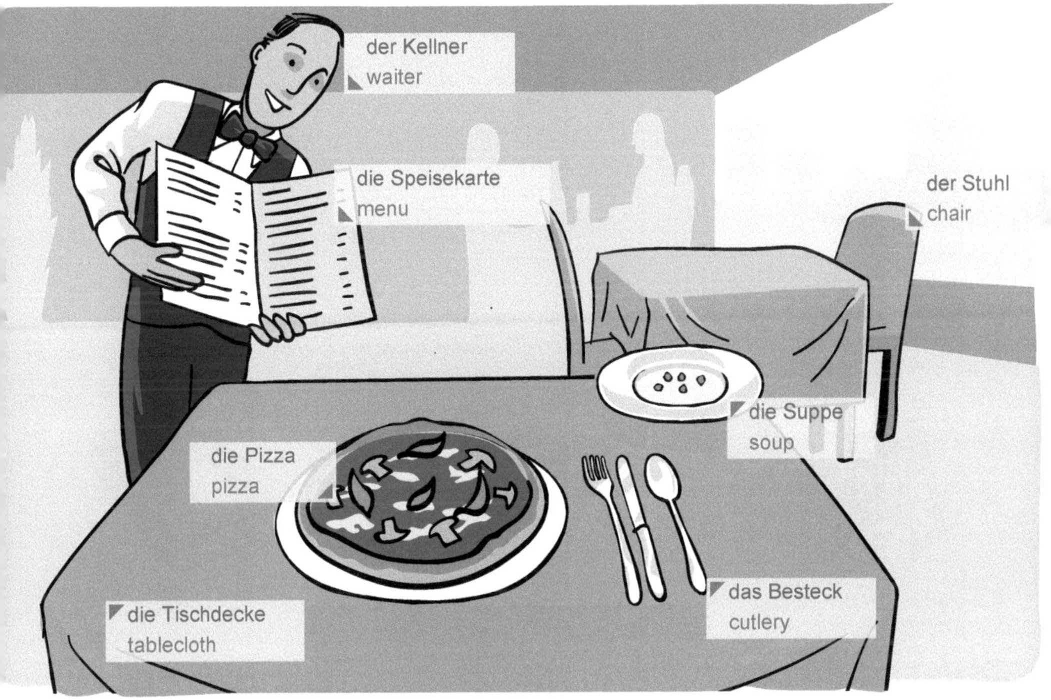
der Kellner
waiter
die Speisekarte
menu
der Stuhl
chair
die Suppe
soup
die Pizza
pizza
das Besteck
cutlery
die Tischdecke
tablecloth

die Vorspeise

starter

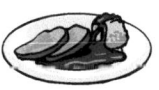

das Hauptgericht

main course

die Nachspeise

dessert

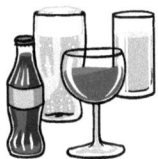

die Getränke

drinks

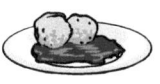

das Essen

food

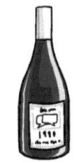

die Flasche

bottle

das Fastfood

fast food

das Streetfood

street food

die Teekanne

teapot

die Zuckerdose

sugar bowl

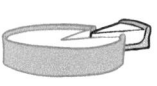

die Portion

portion

die Espressomaschine

espresso machine

der Hochstuhl

high chair

die Rechnung

bill

das Tablett

tray

das Messer

knife

die Gabel

fork

der Löffel

spoon

der Teelöffel

teaspoon

die Serviette

serviette

das Glas

glass

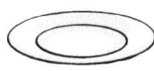

der Teller

plate

der Suppenteller

soup plate

die Untertasse

saucer

die Sauce

sauce

der Salzstreuer

salt pot

die Pfeffermühle

pepper mill

der Essig

vinegar

das Öl

oil

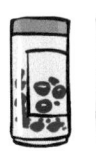

die Gewürze

spices

das Ketchup

ketchup

der Senf

mustard

die Mayonnaise

mayonnaise

der Supermarkt
supermarket

das Angebot
special offer
FOR
der Kunde
customer
die Milchprodukte
dairy
das Obst
fruit
der Einkaufswagen
trolley

BUTCHERS

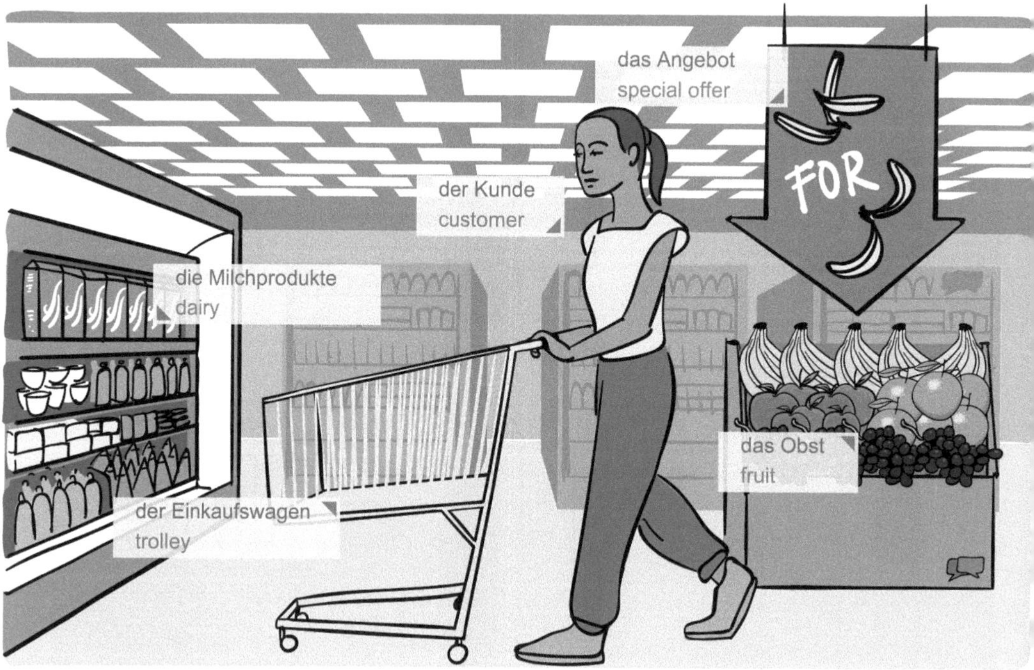

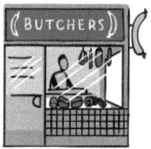

die Schlachterei

butcher´s

BAKERY

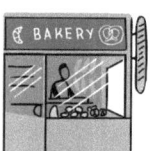

die Bäckerei

baker´s

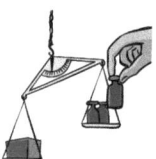

wiegen

weigh

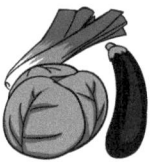

das Gemüse

vegetables

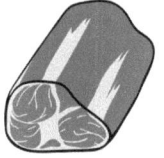

das Fleisch

meat

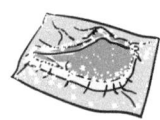

die Tiefkühlkost

frozen food

der Aufschnitt

cold meat

die Konserven

tinned food

das Waschmittel

washing powder

die Süßigkeiten

sweets

die Haushaltsartikel

household products

das Reinigungsmittel

cleaning products

die Verkäuferin

salesperson

die Kasse

till

der Kassierer

cashier

die Einkaufsliste

shopping list

die Öffnungszeiten

opening hours

die Brieftasche

wallet

die Kreditkarte

credit card

die Tasche

bag

die Plastiktüte

plastic bag

die Getränke

drinks

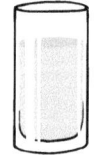

das Wasser

water

der Saft

juice

die Milch

milk

die Cola

coke

der Wein

wine

das Bier

beer

der Alkohol

alcohol

der Kakao

cocoa

der Tee

tea

der Kaffee

coffee

der Espresso

espresso

der Cappuccino

cappuccino

die Banane

banana

der Apfel

apple

die Orange

orange

die Melone

melon

die Zitrone

lemon

die Karotte

carrot

der Knoblauch

garlic

der Bambus

bamboo

die Zwiebel

onion

der Pilz

mushroom

die Nüsse

nuts

die Nudeln

noodles

die Spaghetti

spaghetti

der Reis

rice

der Salat

salad

die Pommes frites

chips

die Bratkartoffeln

fried potatoes

die Pizza

pizza

der Hamburger

hamburger

das Sandwich

sandwich

das Schnitzel

cutlet

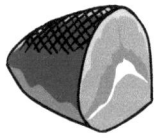

der Schinken

ham

die Salami

salami

die Wurst

sausage

das Huhn

chicken

der Braten

roast

der Fisch

fish

die Haferflocken

porridge oats

das Müsli

muesli

die Cornflakes

cornflakes

das Mehl

flour

das Croissant

croissant

das Brötchen

bread roll

das Brot

bread

der Toast

toast

die Kekse

biscuits

die Butter

butter

der Quark

curd

der Kuchen

cake

das Ei

egg

das Spiegelei

fried egg

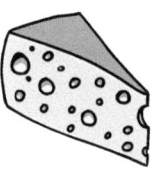

der Käse

cheese

die Eiscreme

ice cream

der Zucker

sugar

der Honig

honey

die Marmelade

jam

die Nougat-Creme

chocolate spread

das Curry

curry

der Bauernhof

farm

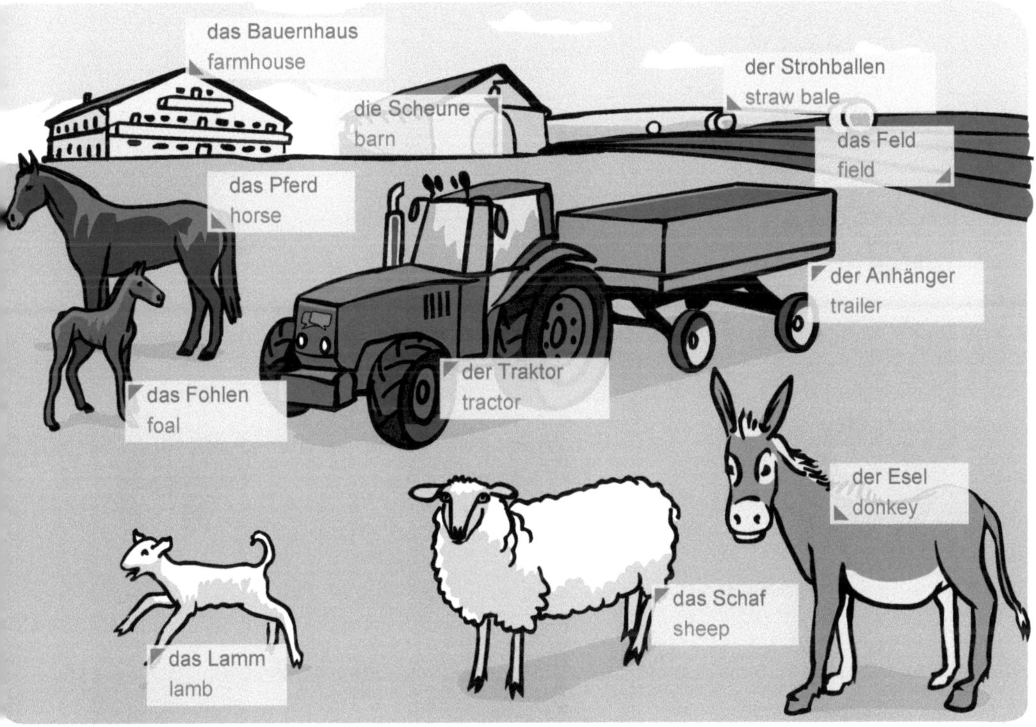
das Bauernhaus
farmhouse
die Scheune
barn
der Strohballen
straw bale
das Feld
field
das Pferd
horse
der Anhänger
trailer
der Traktor
tractor
das Fohlen
foal
der Esel
donkey
das Schaf
sheep
das Lamm
lamb

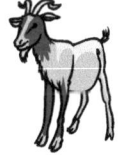

die Ziege

goat

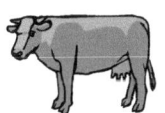

die Kuh

cow

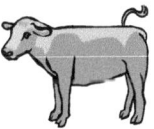

das Kalb

calf

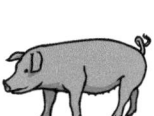

das Schwein

pig

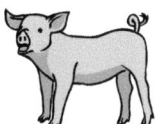

das Ferkel

piglet

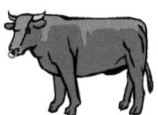

der Bulle

bull

die Gans

goose

die Ente

duck

das Küken

chick

das Huhn

hen

der Hahn

cock

die Ratte

rat

die Katze

cat

die Maus

mouse

der Ochse

ox

der Hund

dog

die Hundehütte

doghouse

der Gartenschlauch

garden hose

die Gießkanne

watering can

die Sense

scythe

der Pflug

plough

die Sichel

sickle

die Hacke

hoe

die Mistgabel

pitchfork

die Axt

axe

die Schubkarre

wheelbarrow

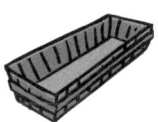

der Trog

trough

die Milchkanne

milk can

der Sack

sack

der Zaun

fence

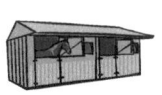

der Stall

stable

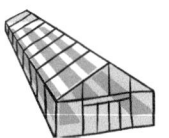

das Treibhaus

greenhouse

der Boden

soil

die Saat

seed

der Dünger

fertilizer

der Mähdrescher

combine harvester

ernten

harvest

die Ernte

harvest

die Yamswurzel

yams

der Weizen

wheat

das Soja

soy

die Kartoffel

potato

der Mais

corn

der Raps

rapeseed

der Obstbaum

fruit tree

der Maniok

cassava

das Getreide

cereals

das Haus
house

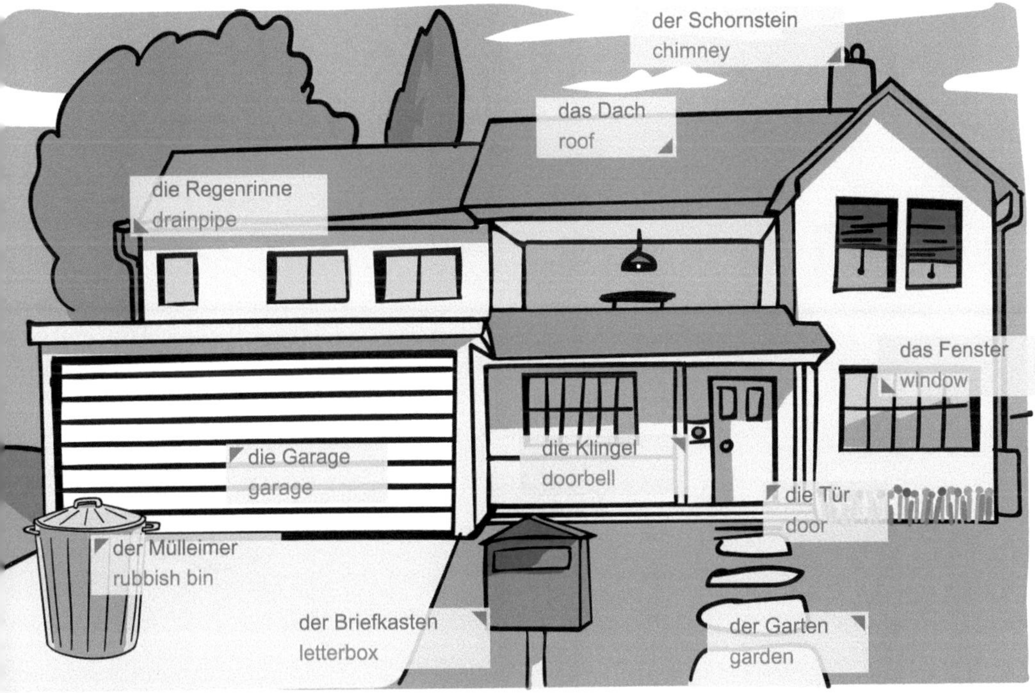
der Schornstein
chimney
das Dach
roof
die Regenrinne
drainpipe
das Fenster
window
die Klingel
doorbell
die Garage
garage
die Tür
door
der Mülleimer
rubbish bin
der Briefkasten
letterbox
der Garten
garden

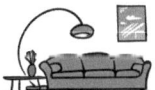

das Wohnzimmer

living room

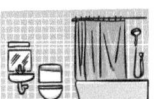

das Badezimmer

bathroom

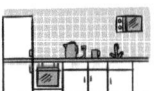

die Küche

kitchen

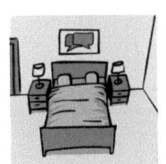

das Schlafzimmer

bedroom

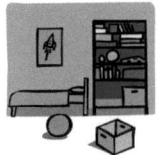

das Kinderzimmer

child's room

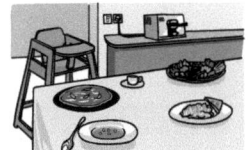

das Esszimmer

dining room

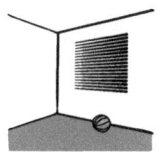

der Boden

floor

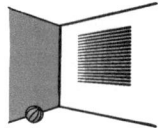

die Wand

wall

die Decke

ceiling

der Keller

cellar

die Sauna

sauna

der Balkon

balcony

die Terrasse

terrace

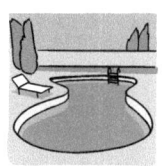

das Schwimmbad

pool

der Rasenmäher

lawn mower

der Bettbezug

sheet

die Bettdecke

bedspread

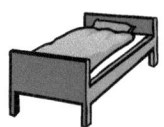

das Bett

bed

der Besen

broom

der Eimer

bucket

der Schalter

switch

das Wohnzimmer
living room

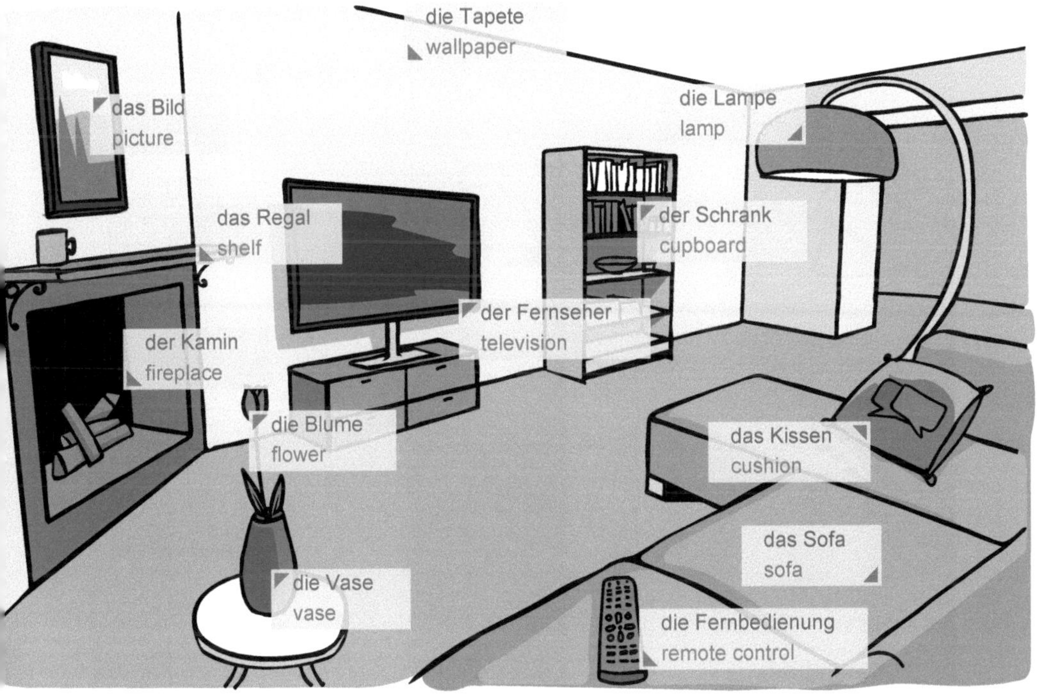
die Tapete
wallpaper
das Bild
picture
die Lampe
lamp
das Regal
shelf
der Schrank
cupboard
der Fernseher
television
der Kamin
fireplace
die Blume
flower
das Kissen
cushion
das Sofa
sofa
die Vase
vase
die Fernbedienung
remote control

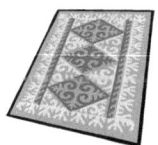

der Teppich
carpet

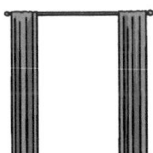

der Vorhang
curtain

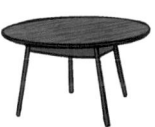

der Tisch
table

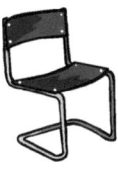

der Stuhl
chair

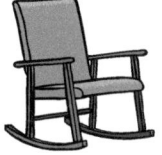

der Schaukelstuhl
rocking chair

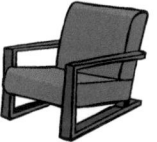

der Sessel
armchair

das Buch

book

die Decke

blanket

die Dekoration

decoration

das Feuerholz

firewood

der Film

film

die Stereoanlage

hi-fi equipment

der Schlüssel

key

die Zeitung

newspaper

das Gemälde

painting

das Poster

poster

das Radio

radio

der Notizblock

notepad

der Staubsauger

hoover

der Kaktus

cactus

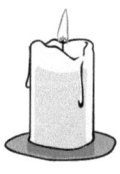

die Kerze

candle

die Küche
kitchen

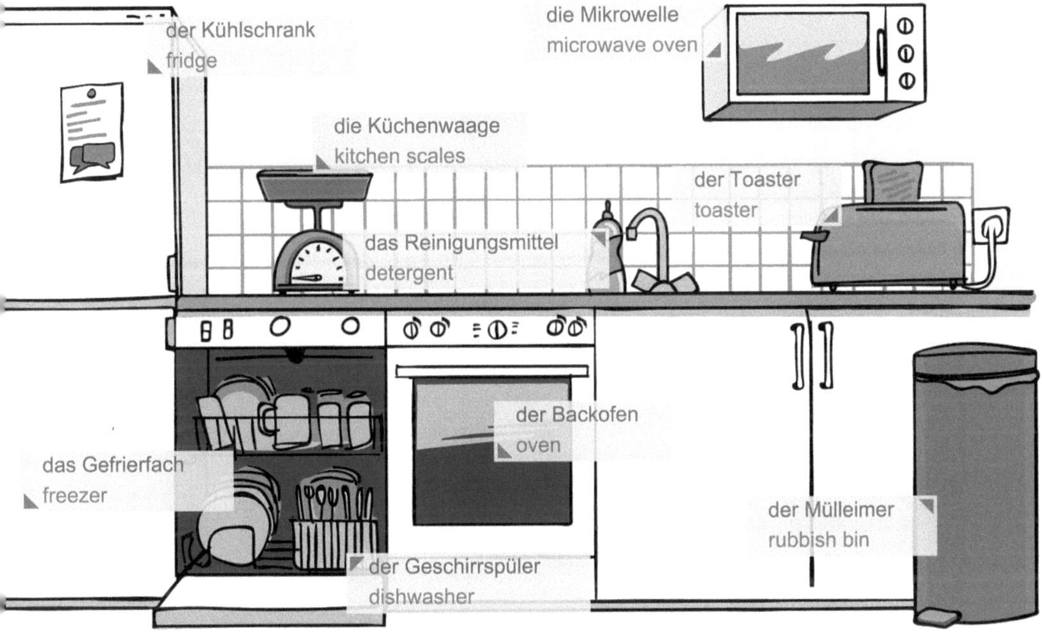

der Kühlschrank
fridge
die Mikrowelle
microwave oven
die Küchenwaage
kitchen scales
der Toaster
toaster
das Reinigungsmittel
detergent
der Backofen
oven
das Gefrierfach
freezer
der Mülleimer
rubbish bin
der Geschirrspüler
dishwasher

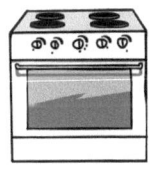

der Herd

cooker

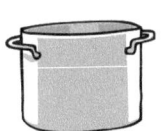

der Topf

pot

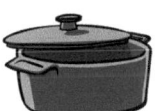

der Eisentopf

cast-iron pot

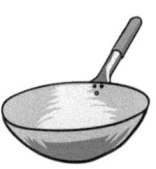

der Wok / Kadai

wok / kadai

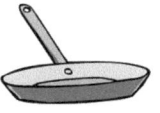

die Pfanne

pan

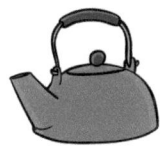

der Wasserkocher

kettle

der Dampfgarer

steamer

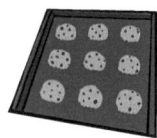

das Backblech

baking tray

das Geschirr

crockery

der Becher

mug

die Schale

bowl

die Essstäbchen

chopsticks

die Suppenkelle

ladle

der Pfannenwender

spatula

der Schneebesen

whisk

das Kochsieb

strainer

das Sieb

sieve

die Reibe

grater

der Mörser

mortar

der Grill

barbecue

die Feuerstelle

open fire

das Schneidebrett

chopping board

das Nudelholz

rolling pin

der Korkenzieher

corkscrew

die Dose

can

der Dosenöffner

can opener

der Topflappen

pot holder

das Waschbecken

sink

die Bürste

brush

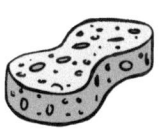

der Schwamm

sponge

der Mixer

blender

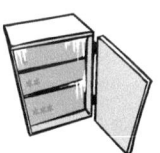

die Gefriertruhe

deep freezer

die Babyflasche

baby bottle

der Wasserhahn

tap

das Badezimmer
bathroom

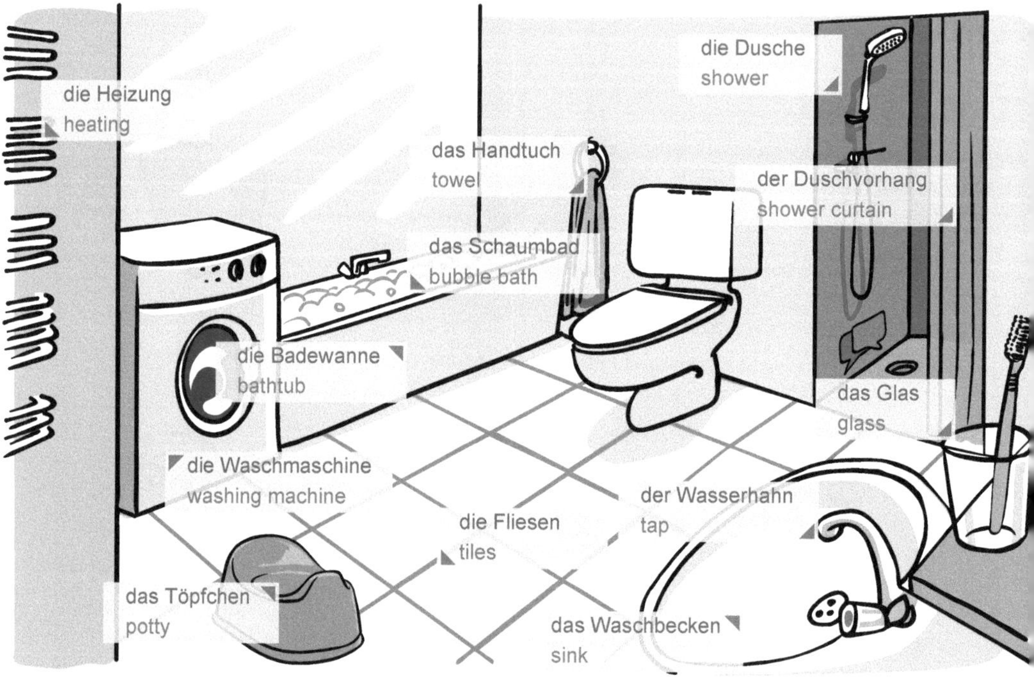
die Dusche
shower
die Heizung
heating
das Handtuch
towel
der Duschvorhang
shower curtain
das Schaumbad
bubble bath
die Badewanne
bathtub
das Glas
glass
die Waschmaschine
washing machine
der Wasserhahn
tap
die Fliesen
tiles
das Töpfchen
potty
das Waschbecken
sink

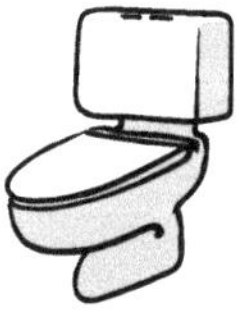

die Toilette
toilet

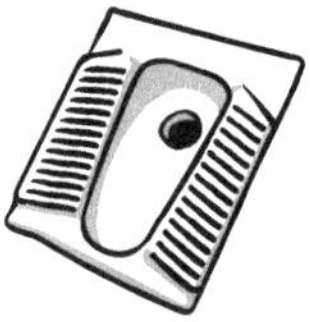

die Hocktoilette
squat toilet

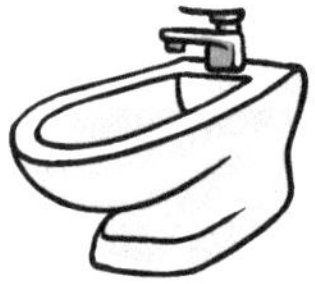

das Bidet
bidet

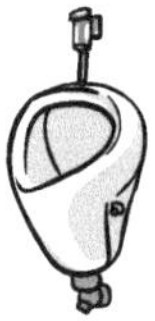

das Pissoir
urinal

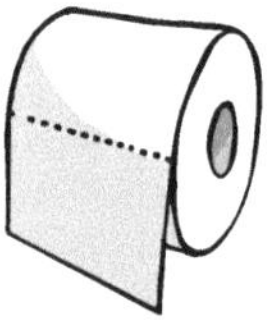

das Toilettenpapier
toilet paper

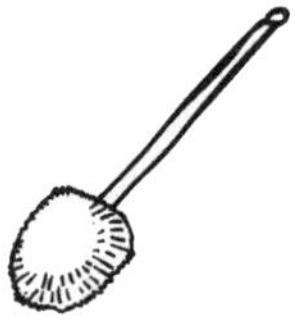

die Toilettenbürste
toilet brush

die Zahnbürste

toothbrush

die Zahnpasta

toothpaste

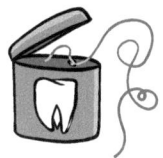

die Zahnseide

dental floss

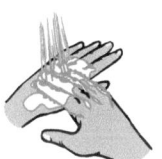

waschen

wash

die Handbrause

handheld shower

die Intimdusche

douche

die Waschschüssel

basin

die Rückenbürste

back brush

die Seife

soap

das Duschgel

shower gel

das Shampoo

shampoo

der Waschlappen

flannel

der Abfluss

drain

die Creme

cream

das Deodorant

deodorant

das Badezimmer - bathroom

der Spiegel

mirror

der Kosmetikspiegel

hand mirror

der Rasierer

razor

der Rasierschaum

shaving foam

das Rasierwasser

aftershave

der Kamm

comb

die Bürste

brush

der Föhn

hair dryer

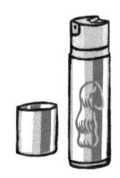

das Haarspray

hairspray

das Makeup

makeup

der Lippenstift

lipstick

der Nagellack

nail varnish

die Watte

cotton wool

die Nagelschere

nail scissors

das Parfum

perfume

der Kulturbeutel

washbag

der Hocker

stool

die Waage

weighing scale

der Bademantel

bathrobe

die Gummihandschuhe

rubber gloves

das Tampon

tampon

die Damenbinde

sanitary towel

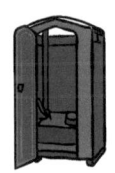

die Chemietoilette

chemical toilet

das Kinderzimmer
child's room

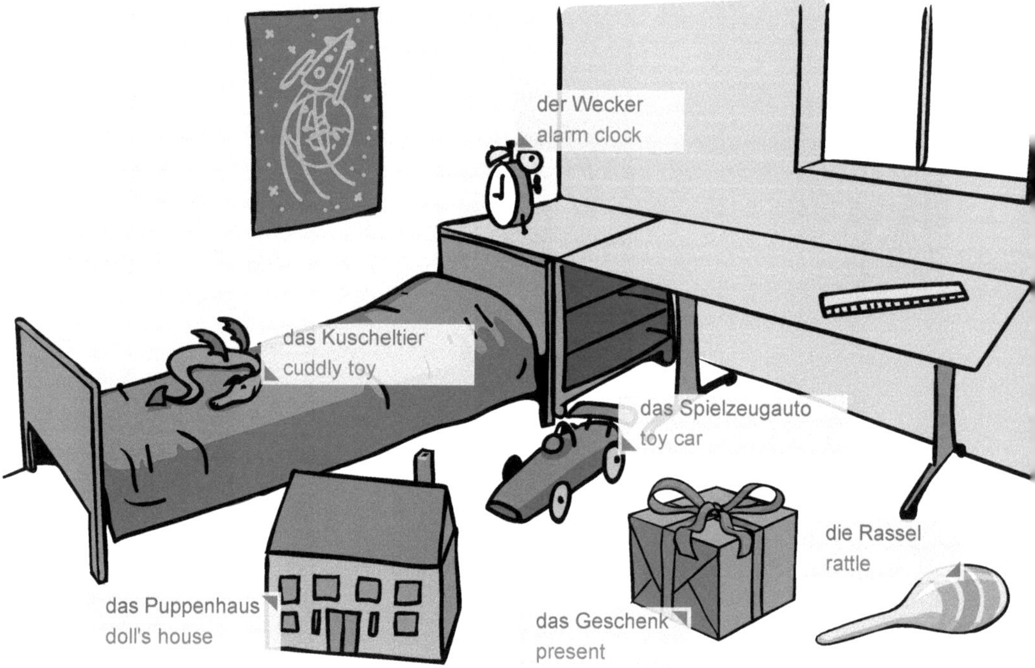

der Wecker
alarm clock
das Kuscheltier
cuddly toy
das Spielzeugauto
toy car
die Rassel
rattle
das Puppenhaus
doll's house
das Geschenk
present

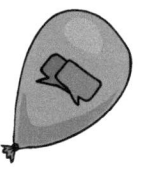

der Ballon
balloon

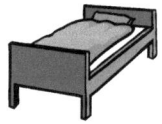

das Bett
bed

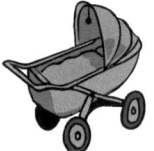

der Kinderwagen
pram

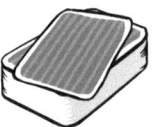

das Kartenspiel
deck of cards

das Puzzle
jigsaw

SUPER
MEGA

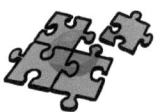

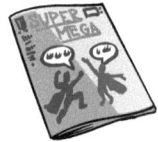

der Comic
comic

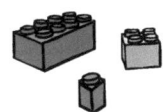

die Legosteine

lego bricks

die Bausteine

building blocks

die Action Figur

action figure

der Strampelanzug

babygrow

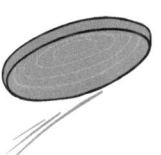

das Frisbee

frisbee

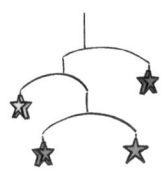

das Mobile

mobile

das Brettspiel

board game

der Würfel

dice

die Modelleisenbahn

model train set

der Schnuller

dummy

die Party

party

das Bilderbuch

picture book

der Ball

ball

die Puppe

doll

spielen

play

der Sandkasten

sandpit

die Schaukel

swing

das Spielzeug

toys

die Spielkonsole

video game console

das Dreirad

tricycle

der Teddy

teddy bear

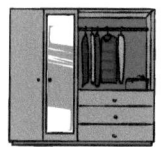

der Kleiderschrank

wardrobe

die Kleidung

clothing

die Socken

socks

die Strümpfe

stockings

die Strumpfhose

tights

der Schal
scarf

der Regenschirm
umbrella

das T-Shirt
t-shirt

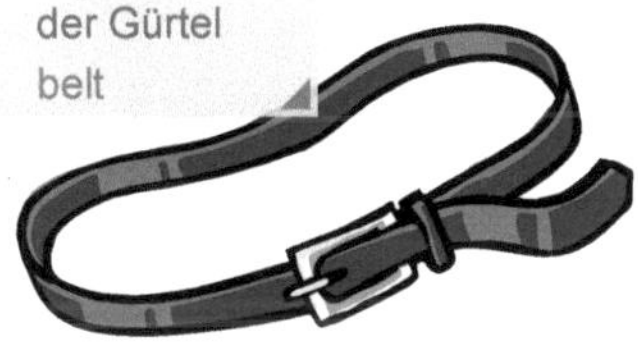

der Gürtel
belt

die Turnschuhe
trainers

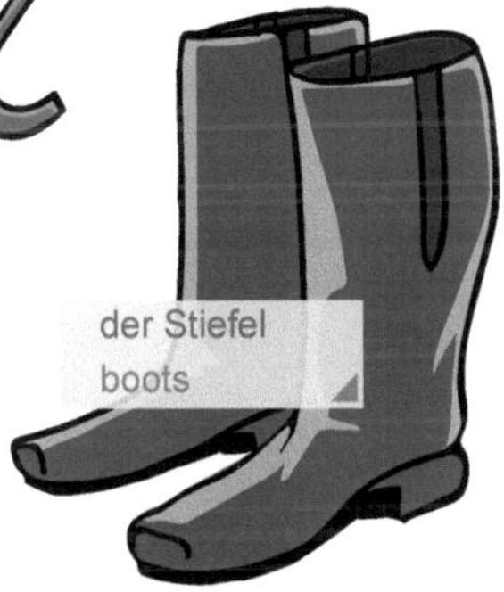

der Stiefel
boots

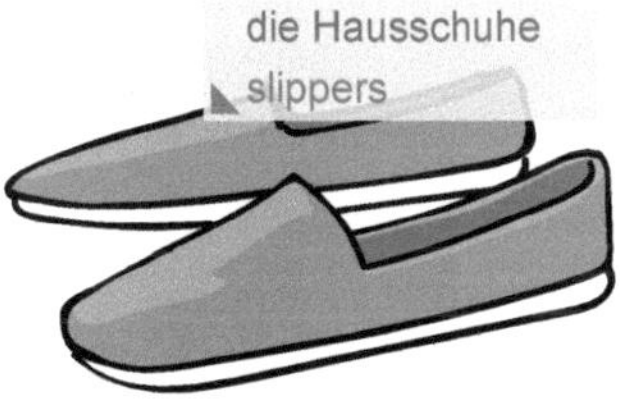

die Hausschuhe
slippers

die Sandalen
sandals

die Schuhe
shoes

die Gummistiefel
rubber boots

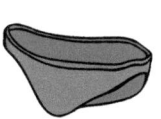

die Unterhose
underpants

der Büstenhalter
bra

das Unterhemd
vest

der Body

body

die Hose

trousers

die Jeans

jeans

der Rock

skirt

die Bluse

blouse

das Hemd

shirt

der Pullover

pullover

der Kapuzenpullover

hoodie

der Blazer

blazer

die Jacke

jacket

der Mantel

coat

der Regenmantel

raincoat

das Kostüm

costume

das Kleid

dress

das Hochzeitskleid

wedding dress

der Anzug
suit

das Nachthemd
nightgown

der Schlafanzug
pyjamas

der Sari
sari

das Kopftuch
headscarf

der Turban
turban

die Burka
burqa

der Kaftan
kaftan

die Abaya
abaya

der Badeanzug
swimsuit

die Badehose
trunks

die kurze Hose
shorts

der Trainingsanzug
tracksuit

die Schürze
apron

die Handschuhe
gloves

der Knopf

button

die Brille

glasses

das Armband

bracelet

die Halskette

necklace

der Ring

ring

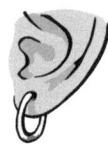

der Ohrring

earring

die Mütze

cap

der Kleiderbügel

coat hanger

der Hut

hat

die Krawatte

tie

der Reißverschluss

zip

der Helm

helmet

der Hosenträger

braces

die Schuluniform

school uniform

die Uniform

uniform

das Lätzchen
bib

der Schnuller
dummy

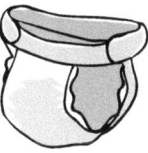

die Windel
nappy

das Büro
office

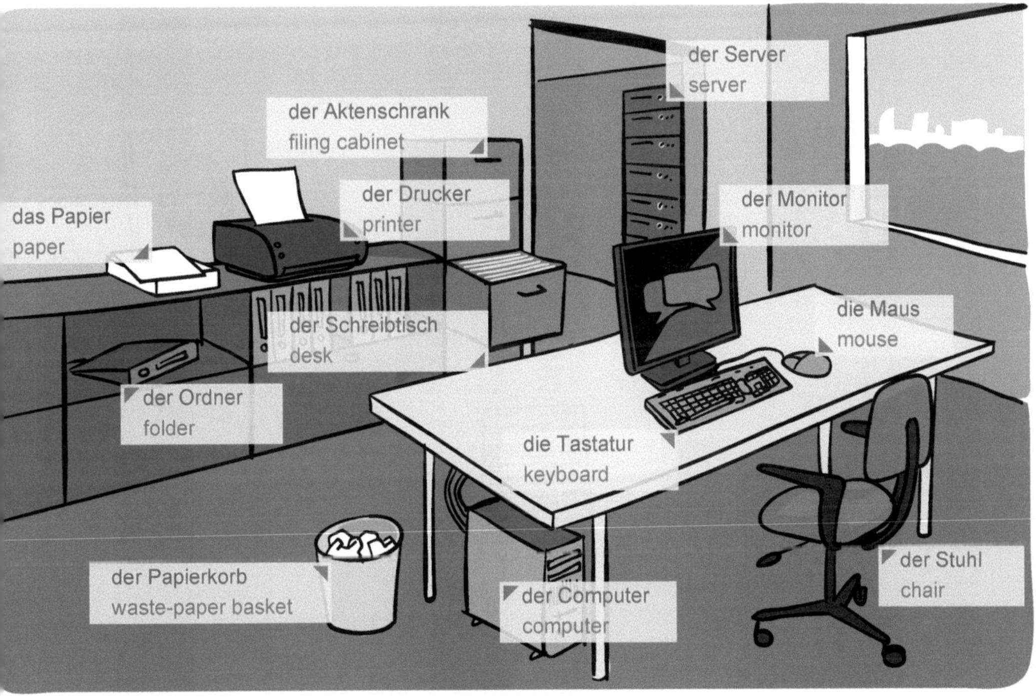

der Server
server

der Aktenschrank
filing cabinet

der Drucker
printer

der Monitor
monitor

das Papier
paper

der Schreibtisch
desk

die Maus
mouse

der Ordner
folder

die Tastatur
keyboard

der Papierkorb
waste-paper basket

der Computer
computer

der Stuhl
chair

der Kaffeebecher
coffee mug

der Taschenrechner
calculator

das Internet
internet

der Laptop

laptop

der Brief

letter

die Nachricht

message

das Handy

mobile

das Netzwerk

network

der Kopierer

photocopier

die Software

software

das Telefon

telephone

die Steckdose

plug socket

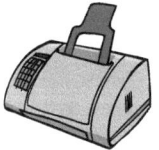

das Fax

fax machine

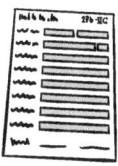

das Formular

form

das Dokument

document

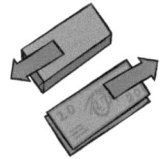

kaufen

buy

bezahlen

pay

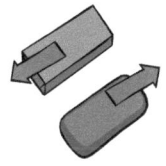

handeln

trade

das Geld

money

USD

der Dollar

dollar

EUR

der Euro

euro

JPY

der Yen

yen

RUB

der Rubel

rouble

CHF

der Franken

Swiss franc

CNY

der Renminbi Yuan

renminbi yuan

INR

die Rupie

rupee

der Geldautomat

cashpoint

die Wechselstube

bureau de change

das Gold

gold

das Silber

silver

das Öl

oil

die Energie

energy

der Preis

price

der Vertrag

contract

die Steuer

tax

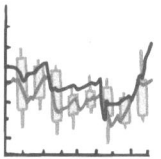

die Aktie

stock

arbeiten

work

der Angestellte

employee

der Arbeitgeber

employer

die Fabrik

factory

das Geschäft

shop

die Berufe
occupations

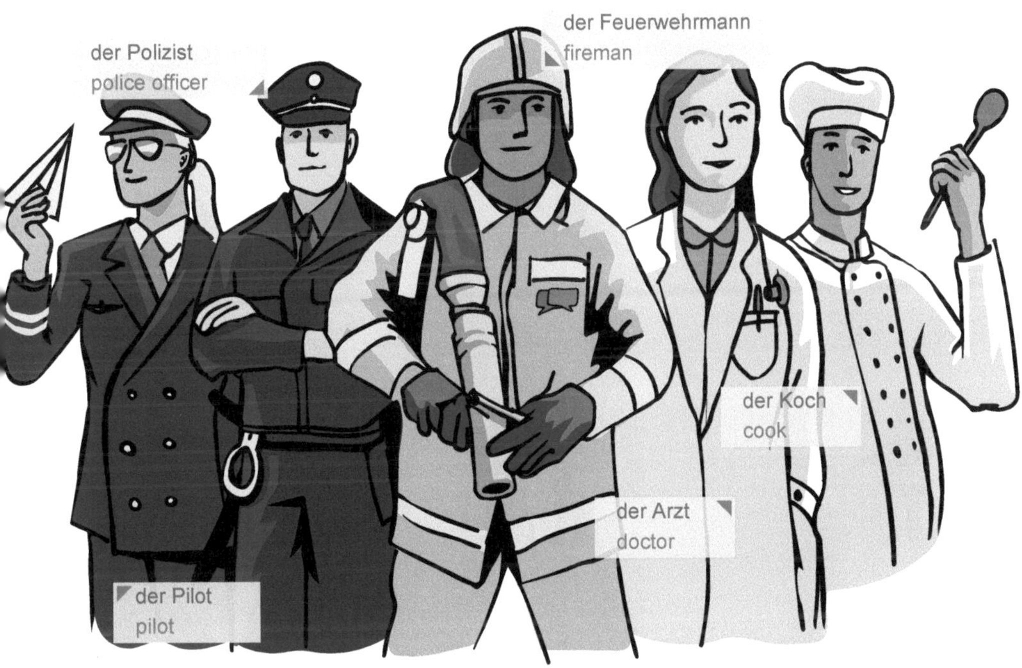
der Polizist
police officer
der Feuerwehrmann
fireman
der Koch
cook
der Arzt
doctor
der Pilot
pilot

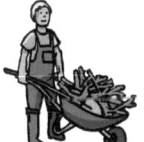

der Gärtner

gardener

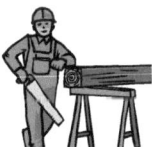

der Tischler

carpenter

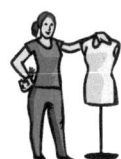

die Näherin

seamstress

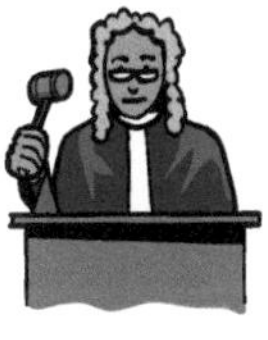

der Richter

judge

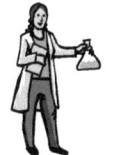

der Chemiker

chemist

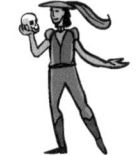

der Schauspieler

actor

der Busfahrer

bus driver

der Taxifahrer

taxi driver

der Fischer

fisherman

die Putzfrau

cleaning lady

der Dachdecker

roofer

der Kellner

waiter

der Jäger

hunter

der Maler

painter

der Bäcker

baker

der Elektriker

electrician

der Bauarbeiter

builder

der Ingenieur

engineer

der Schlachter

butcher

der Klempner

plumber

der Postbote

postman

der Soldat

soldier

der Architekt

architect

der Kassierer

cashier

der Florist

florist

der Friseur

hairdresser

der Schaffner

conductor

der Mechaniker

mechanic

der Kapitän

captain

der Zahnarzt

dentist

der Wissenschaftler

scientist

der Rabbi

rabbi

der Imam

imam

der Mönch

monk

der Geistliche

clergyman

die Berufe - occupations

die Werkzeuge
tools

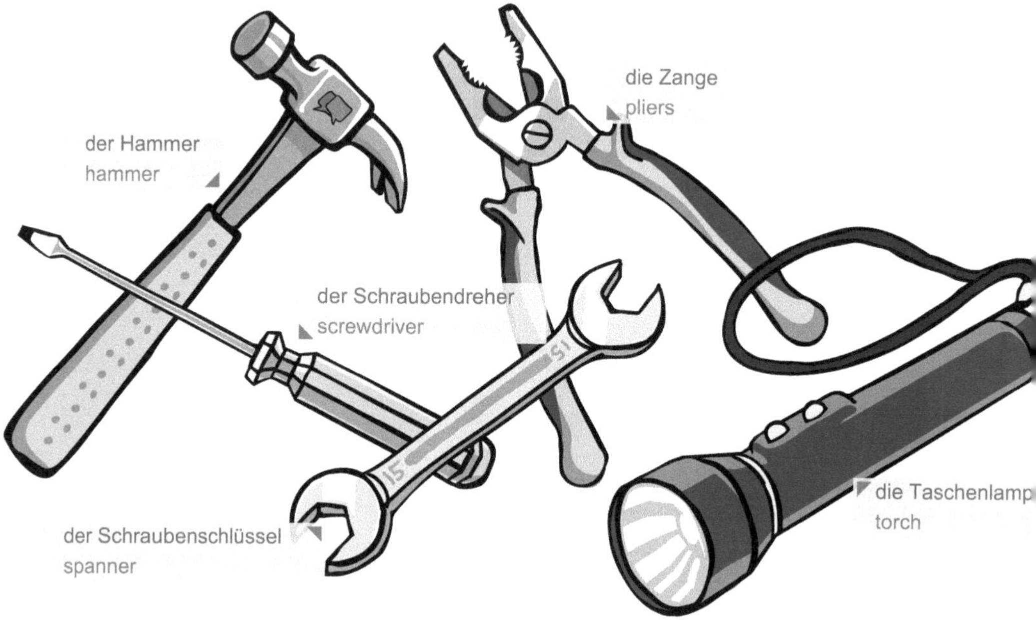

der Hammer
hammer

die Zange
pliers

der Schraubendreher
screwdriver

der Schraubenschlüssel
spanner

die Taschenlampe
torch

der Bagger

digger

der Werkzeugkasten

toolbox

die Leiter

ladder

die Säge

saw

die Nägel

nails

der Bohrer

drill

reparieren

repair

die Schaufel

shovel

Mist!

Damn!

das Kehrblech

dustpan

der Farbtopf

paint pot

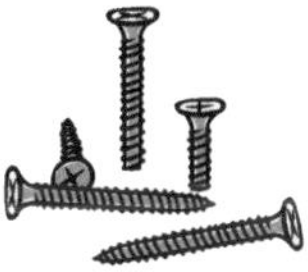

die Schrauben

screws

die Musikinstrumente
musical instruments

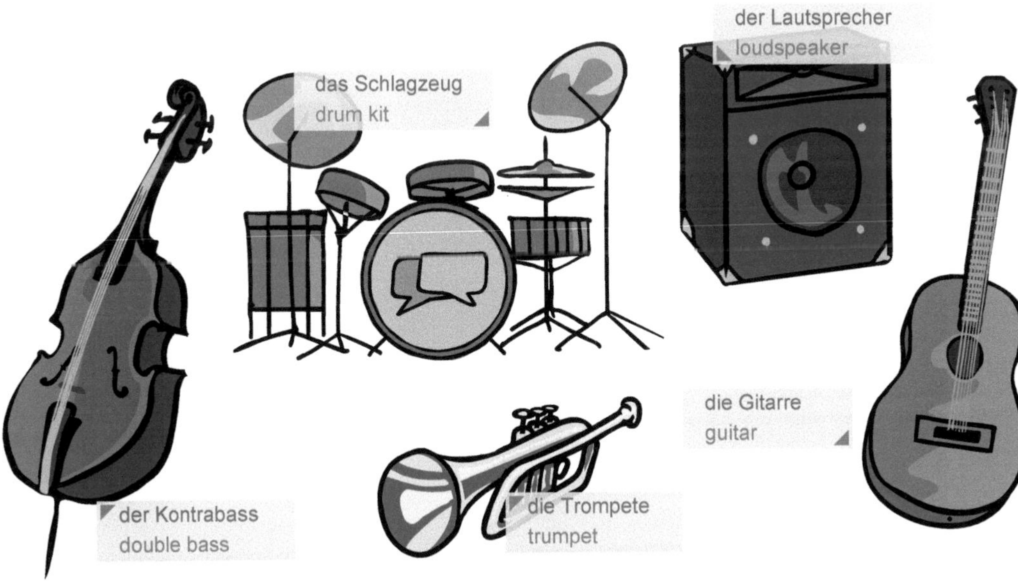

der Lautsprecher
loudspeaker

das Schlagzeug
drum kit

die Gitarre
guitar

die Trompete
trumpet

der Kontrabass
double bass

das Klavier

piano

die Violine

violin

der Bass

bass

die Pauke

timpani

die Trommeln

drums

das Keyboard

keyboard

das Saxophon

saxophone

die Flöte

flute

das Mikrofon

microphone

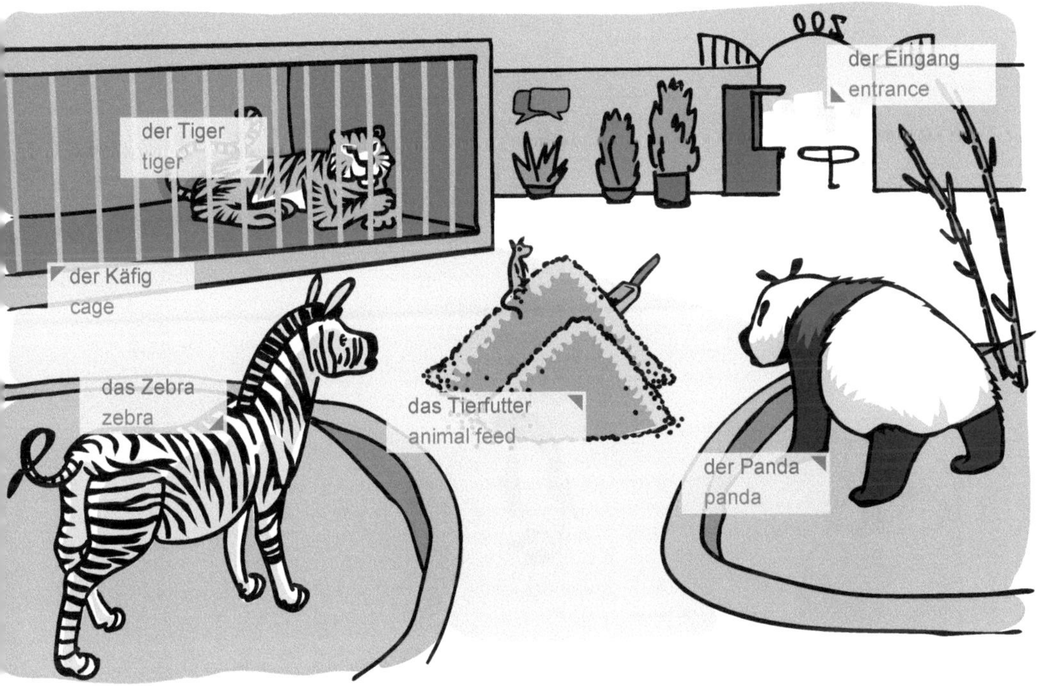

der Eingang
entrance

der Tiger
tiger

der Käfig
cage

das Zebra
zebra

das Tierfutter
animal feed

der Panda
panda

die Tiere

animals

der Elefant

elephant

das Känguruh

kangaroo

das Nashorn

rhino

der Gorilla

gorilla

der Bär

bear

das Kamel

camel

der Strauß

ostrich

der Löwe

lion

der Affe

monkey

der Flamingo

flamingo

der Papagei

parrot

der Eisbär

polar bear

der Pinguin

penguin

der Hai

shark

der Pfau

peacock

die Schlange

snake

das Krokodil

crocodile

der Zoowärter

zookeeper

die Robbe

seal

der Jaguar

jaguar

der Zoo - zoo

das Pony

pony

der Leopard

leopard

das Nilpferd

hippo

die Giraffe

giraffe

der Adler

eagle

das Wildschwein

boar

der Fisch

fish

die Schildkröte

turtle

das Walross

walrus

der Fuchs

fox

die Gazelle

gazelle

das American Football
American football

das Radfahren
cycling

das Tennis
tennis

der Basketball
basketball

das Schwimmen
swimming

das Boxen
boxing

das Eishockey
ice hockey

der Fußball
football

das Badminton
badminton

die Leichtathletik
athletics

der Handball
handball

das Skilaufen
skiing

das Polo
polo

springen
jump

lachen
laugh

umarmen
hug

gehen
walk

singen
sing

träumen
dream

beten
pray

küssen
kiss

schreiben	zeichnen	zeigen
write	draw	show

drücken	geben	nehmen
push	give	take

haben
have

tun
do

sein
be

stehen
stand

laufen
run

ziehen
pull

werfen
throw

fallen
fall

liegen
lie

warten
wait

tragen
carry

sitzen
sit

anziehen
get dressed

schlafen
sleep

aufwachen
wake up

ansehen

look at

weinen

cry

streicheln

stroke

kämmen

comb

reden

talk

verstehen

understand

fragen

ask

hören

listen

trinken

drink

essen

eat

aufräumen

tidy up

lieben

love

kochen

cook

fahren

drive

fliegen

fly

segeln
sail

rechnen
calculate

lesen
read

lernen
learn

arbeiten
work

heiraten
marry

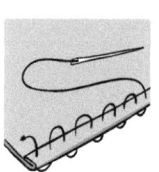

nähen
sew

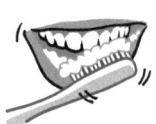

Zähne putzen
brush teeth

töten
kill

rauchen
smoke

senden
send

die Familie

family

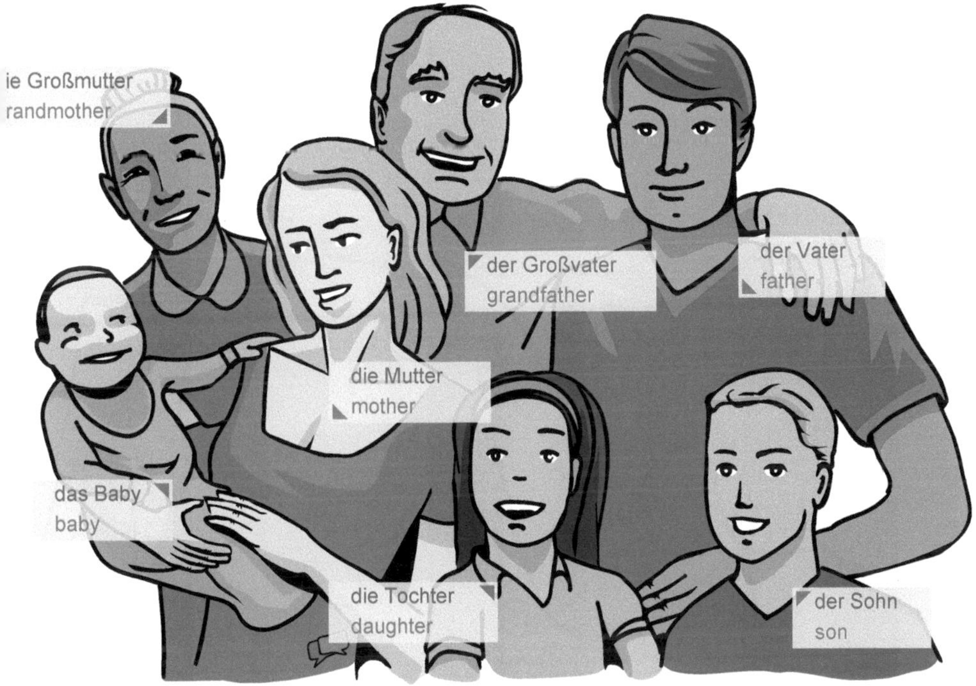
ie Großmutter
randmother
der Großvater
grandfather
der Vater
father
die Mutter
mother
das Baby
baby
die Tochter
daughter
der Sohn
son

der Gast

guest

die Tante

aunt

der Onkel

uncle

der Bruder

brother

die Schwester

sister

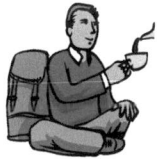

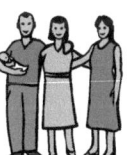

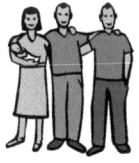

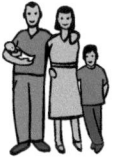

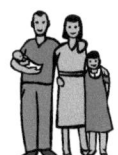

der Körper
body

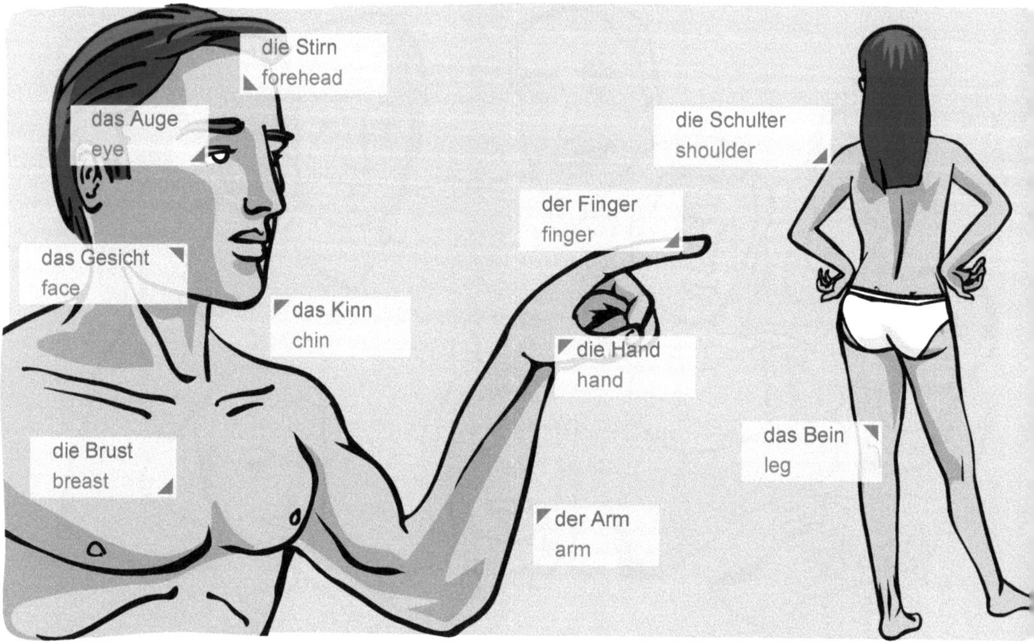

die Stirn
forehead

das Auge
eye

das Gesicht
face

das Kinn
chin

die Brust
breast

die Schulter
shoulder

der Finger
finger

die Hand
hand

der Arm
arm

das Bein
leg

das Baby

baby

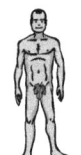

der Mann

man

die Frau

woman

das Mädchen

girl

der Junge

boy

der Kopf

head

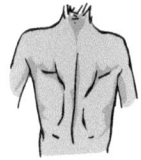

der Rücken

back

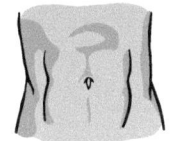

der Bauch

belly

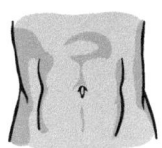

der Nabel

belly button

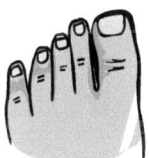

der Zeh

toe

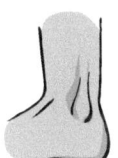

die Ferse

heel

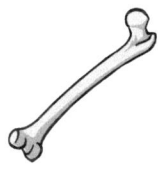

der Knochen

bone

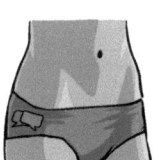

die Hüfte

hip

das Knie

knee

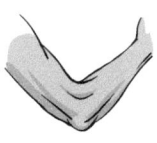

der Ellenbogen

elbow

die Nase

nose

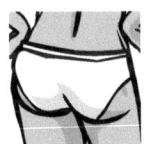

das Gesäß

bottom

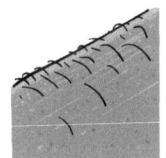

die Haut

skin

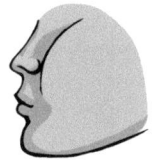

die Wange

cheek

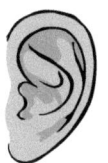

das Ohr

ear

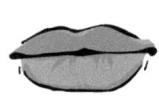

die Lippe

lip

der Körper - body

der Mund

mouth

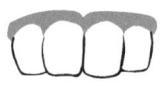

der Zahn

tooth

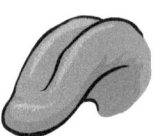

die Zunge

tongue

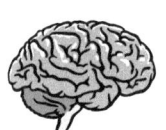

das Gehirn

brain

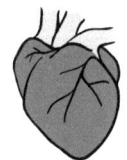

das Herz

heart

der Muskel

muscle

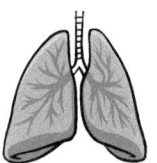

die Lunge

lung

die Leber

liver

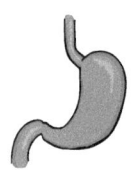

der Magen

stomach

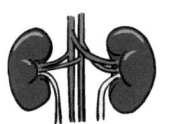

die Nieren

kidneys

der Geschlechtsverkehr

sex

das Kondom

condom

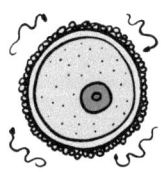

die Eizelle

ovum

das Sperma

semen

die Schwangerschaft

pregnancy

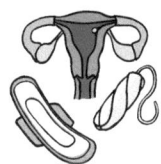

die Menstruation

menstruation

die Vagina

vagina

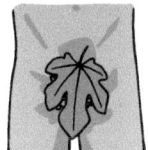

der Penis

penis

die Augenbraue

eyebrow

das Haar

hair

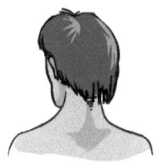

der Hals

neck

das Krankenhaus
hospital

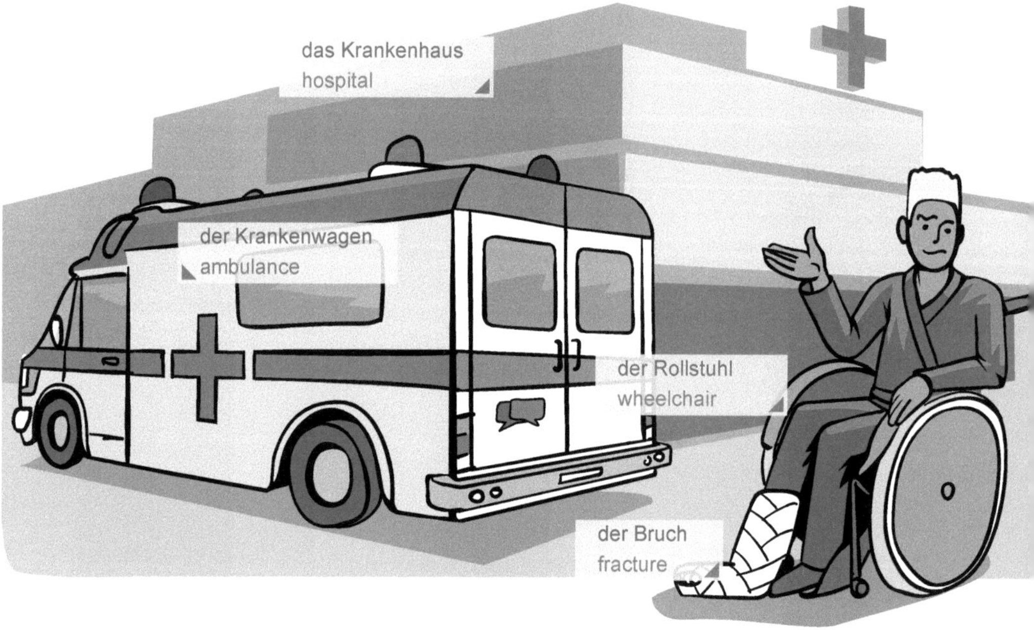

das Krankenhaus
hospital
der Krankenwagen
ambulance
der Rollstuhl
wheelchair
der Bruch
fracture

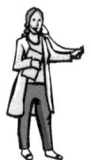

der Arzt

doctor

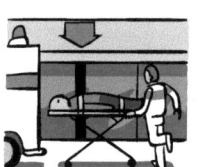

die Notaufnahme

emergency room

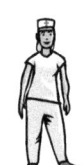

die Krankenschwester

nurse

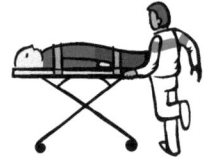

der Notfall

emergency

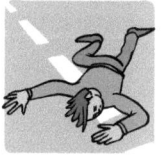

ohnmächtig

unconscious

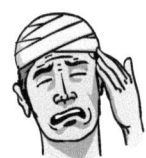

der Schmerz

pain

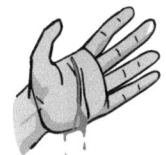

die Verletzung

injury

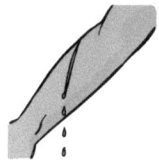

die Blutung

bleeding

der Herzinfarkt

heart attack

der Schlaganfall

stroke

die Allergie

allergy

der Husten

cough

das Fieber

fever

die Grippe

flu

der Durchfall

diarrhoea

die Kopfschmerzen

headache

der Krebs

cancer

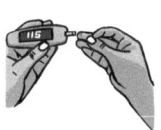

die Diabetis

diabetes

der Chirurg

surgeon

das Skalpell

scalpel

die Operation

operation

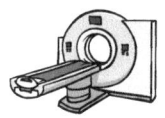

das CT

CT

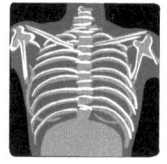

das Röntgen

x-ray

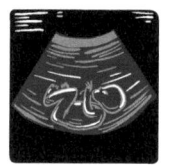

das Ultraschall

ultrasound

die Maske

face mask

die Krankheit

disease

das Wartezimmer

waiting room

die Krücke

crutch

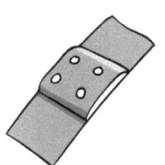

das Pflaster

plaster

der Verband

bandage

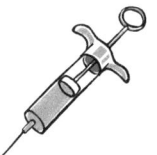

die Injektion

injection

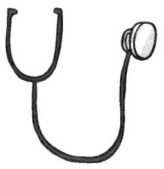

das Stethoskop

stethoscope

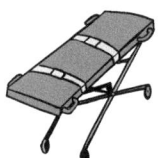

die Trage

stretcher

das Thermometer

clinical thermometer

die Geburt

birth

das Übergewicht

overweight

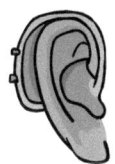

das Hörgerät

hearing aid

das Desinfektionsmittel

disinfectant

die Infektion

infection

das Virus

virus

das HIV / AIDS

HIV / AIDS

die Medizin

medicine

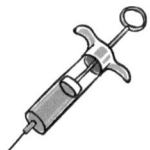

die Impfung

vaccination

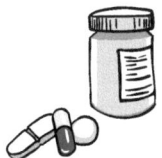

die Tabletten

tablets

die Pille

pill

der Notruf

emergency call

das Blutdruck-Messgerät

blood pressure monitor

krank / gesund

ill / healthy

Hilfe!

Help!

der Alarm

alarm

der Überfall

assault

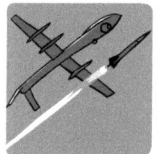

der Angriff

attack

die Gefahr

danger

der Notausgang

emergency exit

Feuer!

Fire!

der Feuerlöscher

fire extinguisher

der Unfall

accident

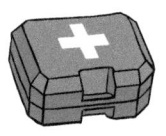

der Erste-Hilfe-Koffer

first-aid kit

SOS

SOS

die Polizei

police

das Europa

Europe

das Nordamerika

North America

das Südamerika

South America

das Afrika

Africa

das Asien

Asia

das Australien

Australia

der Atlantik

Atlantic

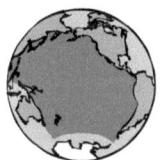

der Pazifik

Pacific

der Indische Ozean

Indian Ocean

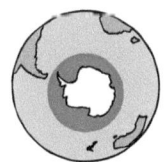

der Antarktische Ozean

Antarctic Ocean

der Arktische Ozean

Arctic Ocean

der Nordpol

North Pole

der Südpol

South Pole

die Antarktis

Antarctica

die Erde

Earth

das Land

land

das Meer

sea

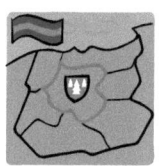

die Insel

island

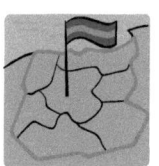

die Nation

nation

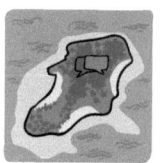

der Staat

state

das Zifferblatt

clock face

der Stundenzeiger

hour hand

der Minutenzeiger

minute hand

der Sekundenzeiger

second hand

Wie spät ist es?

What time is it?

der Tag

day

die Zeit

time

jetzt

now

die Digitaluhr

digital watch

die Minute

minute

die Stunde

hour

die Woche

week

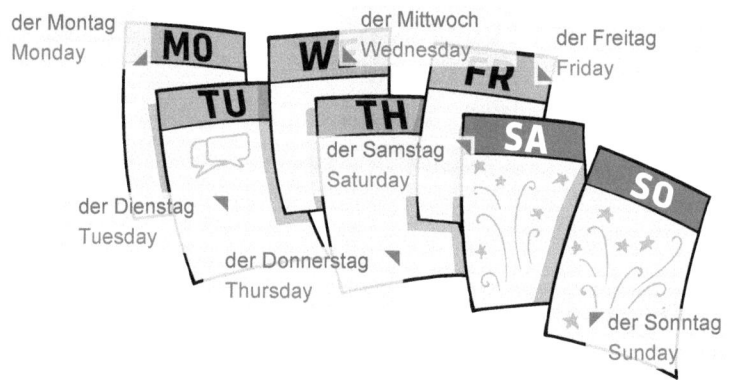

der Montag — Monday
der Mittwoch — Wednesday
der Freitag — Friday
der Dienstag — Tuesday
der Donnerstag — Thursday
der Samstag — Saturday
der Sonntag — Sunday

gestern

yesterday

heute

today

morgen

tomorrow

der Morgen

morning

der Mittag

noon

der Abend

evening

die Arbeitstage

business days

das Wochenende

weekend

das Jahr
year

der Regen
rain
der Regenbogen
rainbow
der Wind
wind
der Schnee
snow
der Frühling
spring
der Sommer
summer
der Herbst
autumn
der Winter
winter

4.APRIL 11°
5.APRIL 4°
6.APRIL 13°
7.APRIL 8°
8.APRIL 10°

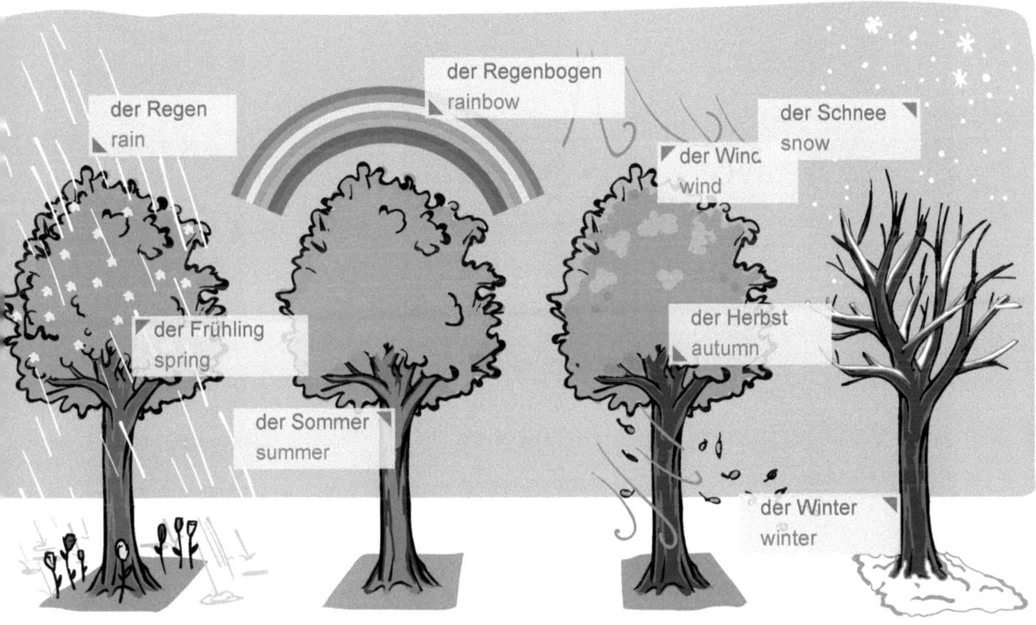

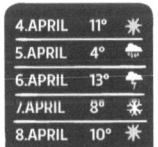

die Wettervorhersage

weather forecast

F
C
120
90
60
30
0
-30
40
30
20
10
0
-10
-20

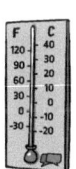

das Thermometer

thermometer

der Sonnenschein

sunshine

die Wolke

cloud

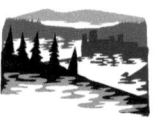

der Nebel

fog

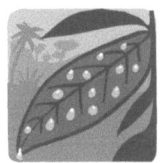

die Luftfeuchtigkeit

humidity

der Blitz

lightning

der Donner

thunder

der Sturm

storm

der Hagel

hail

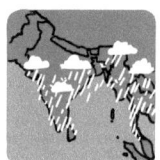

der Monsun

monsoon

die Flut

flood

das Eis

ice

der Januar

January

der Februar

February

der März

March

der April

April

der Mai

May

der Juni

June

der Juli

July

der August

August

das Jahr - year

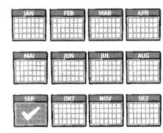

der September

September

der Oktober

October

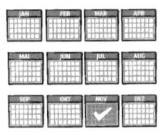

der November

November

der Dezember

December

die Formen
shapes

der Kreis

circle

das Quadrat

square

das Rechteck

rectangle

das Dreieck

triangle

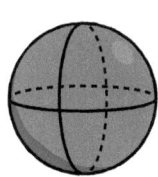

die Kugel

sphere

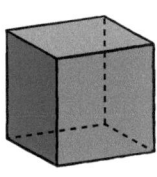

der Würfel

cube

weiß

white

gelb

yellow

orange

orange

pink

pink

rot

red

lila

purple

blau

blue

grün

green

braun

brown

grau

grey

schwarz

black

viel / wenig

a lot / a little

wütend / friedlich

angry / calm

hübsch / hässlich

beautiful / ugly

der Anfang / das Ende

beginning / end

groß / klein

big / small

hell / dunkel

bright / dark

der Bruder / die Schwester

brother / sister

sauber / schmutzig

clean / dirty

vollständig / unvollständig

complete / incomplete

der Tag / die Nacht

day / night

tot / lebendig

dead / alive

breit / schmal

wide / narrow

genießbar / ungenießbar

edible / inedible

böse / freundlich

evil / kind

aufgeregt / gelangweilt

excited / bored

dick / dünn

fat / thin

zuerst / zuletzt

first / last

der Freund / der Feind

friend / enemy

voll / leer

full / empty

hart / weich

hard / soft

schwer / leicht

heavy / light

der Hunger / der Durst

hunger / thirst

krank / gesund

ill / healthy

illegal / legal

illegal / legal

intelligent / dumm

intelligent / stupid

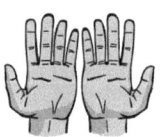

links / rechts

left / right

nah / fern

near / far

neu / gebraucht

new / used

nichts / etwas

nothing / something

alt / jung

old / young

an / aus

on / off

offen / geschlossen

open / closed

leise / laut

quiet / loud

reich / arm

rich / poor

richtig / falsch

right / wrong

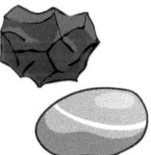

rau / glatt

rough / smooth

traurig / glücklich

sad / happy

kurz / lang

short / long

langsam / schnell

slow / fast

nass / trocken

wet / dry

warm / kühl

warm / cool

der Krieg / der Frieden

war / peace

0

null

zero

1

eins

one

2

zwei

two

3

drei

three

4

vier

four

5

fünf

five

6

sechs

six

7

sieben

seven

8

acht

eight

9

neun

nine

10

zehn

ten

11

elf

eleven

12

zwölf

twelve

13

dreizehn

thirteen

14

vierzehn

fourteen

15

fünfzehn

fifteen

16

sechzehn

sixteen

17

siebzehn

seventeen

18

achtzehn

eighteen

19

neunzehn

nineteen

20

zwanzig

twenty

100

hundert

hundred

1.000

tausend

thousand

1.000.000

million

million

languages

Englisch
....
English

Amerikanisches Englisch
....
American English

Chinesisch Mandarin
....
Chinese Mandarin

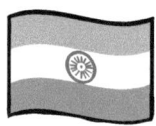

Hindi
....
Hindi

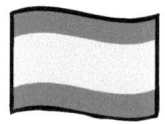

Spanisch
....
Spanish

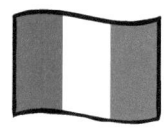

Französisch
....
French

Arabisch
....
Arabic

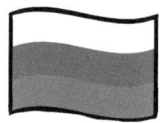

Russisch
....
Russian

Portugiesisch
....
Portuguese

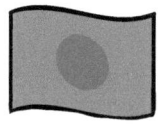

Bengalisch
....
Bengali

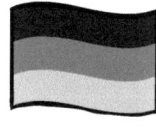

Deutsch
....
German

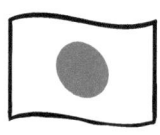

Japanisch
....
Japanese

ich

I

du

you

er / sie / es

he / she / it

wir

we

ihr

you

sie

they

wer?

who?

was?

what?

wie?

how?

wo?

where?

wann?

when?

Name

name

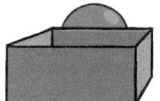

hinter

behind

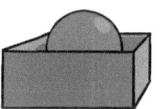

in

in

vor

in front of

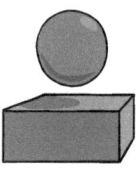

über

over

auf

on

unter

under

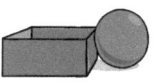

neben

beside

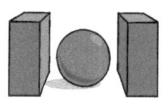

zwischen

between

der Ort

place